数学是打开世界的一把钥匙。

# 一起成为小小数学家吧！

**探索成员 1：小翼**

长着一头自来卷的小翼热爱数学、喜欢钻研，是同学们公认的学霸，被大家亲切地称为"小牛顿"。

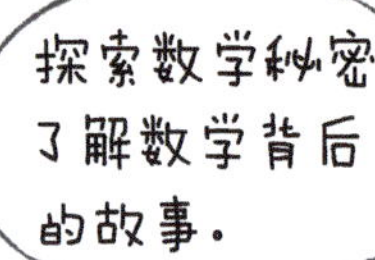

**探索成员 2：茜茜**

活泼可爱、勤奋好学的茜茜是"小牛顿"的同班同学，她记录了每次的数学探索项目。

**探索成员 3：小鹦鹉**

聪明机智，爱提问题的小鹦鹉是探索小组唯一会飞的成员，也是探索小组的观察能手！

**探索成员 4：大猫**

憨厚幽默，思路灵活，大猫在关键时刻常常表现出众，给探索小组带来了不少欢乐。

# 厉害了！我的数学

## 四边形的奥秘

曲少云/文　李卓颖/图

中国和平出版社
China Peace Publishing House

图书在版编目（CIP）数据

四边形的奥秘 / 曲少云文 ; 李卓颖图 . -- 北京 :
中国和平出版社 , 2023.4
　（厉害了！我的数学）
　ISBN 978-7-5137-2391-6

　Ⅰ . ①四… Ⅱ . ①曲… ②李… Ⅲ . ①数学 – 儿童读
物 Ⅳ . ① O1-49

中国版本图书馆 CIP 数据核字 (2022) 第 147904 号


厉害了！我的数学

**四边形的奥秘**　　　　曲少云/文　李卓颖/图


| | | | | | |
|---|---|---|---|---|---|
| **策　　划** | 代新梅 | | **经　　销** | 全国各地书店 | |
| **责任编辑** | 代新梅 | | | | |
| **美术编辑** | 弯　弯 | | **开　　本** | 880mm × 1230mm　1/20 | |
| **责任印务** | 魏国荣 | | **印　　张** | 2 | |
| **出版发行** | 中国和平出版社（北京市海淀区花园路甲 13 号院 7 号楼 10 层　100088） | | **字　　数** | 30 千字 | |
| | www.hpbook.com　　bookhp@163.com | | **版　　次** | 2023 年 4 月第 1 版　　2023 年 4 月第 1 次印刷 | |
| **发 行 部** | （010）82093832　　82093801（传真） | | **书　　号** | ISBN 978-7-5137-2391-6 | |
| **出 版 人** | 林　云 | | **定　　价** | 22.00 元 | |

在我们身边，许多物体都有四边形的一面。

创造属于自己的四边形，是件很有趣的事。仔细观察，这些拓印的图形中，哪几个是四边形呢？

一共有＿＿＿个四边形。

如果用下面的图章盖章，哪些能印出左页的图形呢？
可以做个小图章试一试！然后将图章和对应的图形连线。
连线游戏
答案见文末。

你数对了吗？一共有9个四边形！当一个平面图形满足下列条件，它就是四边形。

① 四条线段是直线段；
② 图形是封闭的；
③ 线段首尾相接。

　　拓印得到的四边形，它们的四条边在同一个平面上，我们把这样的四边形叫作平面四边形。

　　平面四边形中，有两个家族：平面凸四边形和平面凹四边形，我们常见的主要是平面凸四边形。



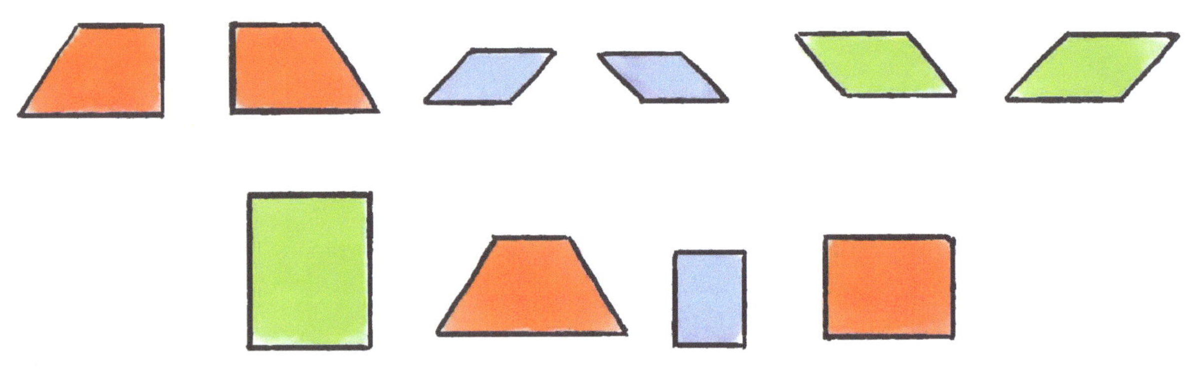

想要快速方便地区分凸四边形和凹四边形，有没有很厉害的办法呢？

和平面四边形相对的，是立体四边形。

无论从哪个角度观察，立体四边形的四条边都不会落在同一个平面上。

现在，考验你的时候到了！

① 判断哪些是平面四边形，哪些是立体四边形？
② 在平面四边形中，分出平面凸四边形和凹四边形。

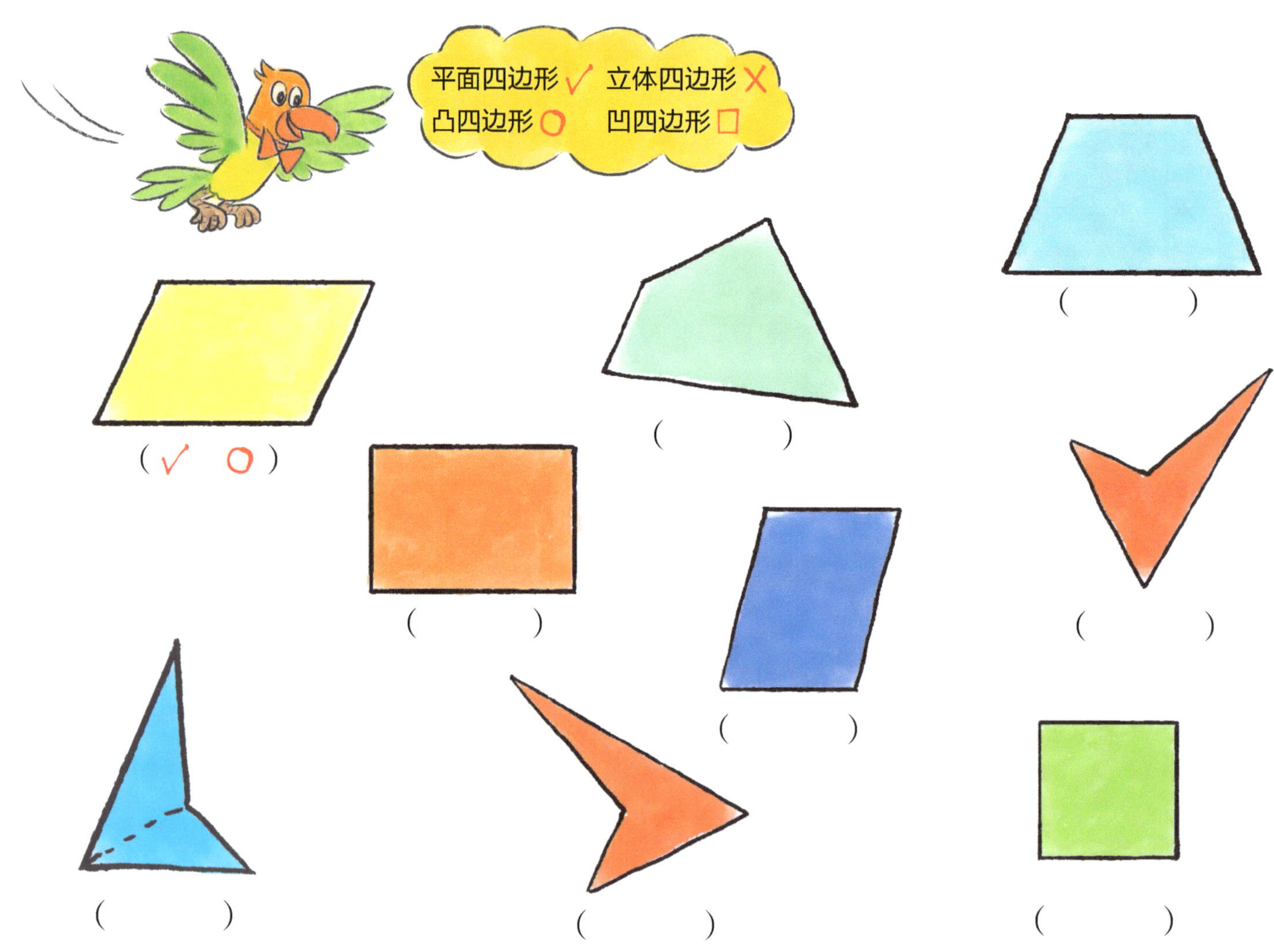

（　　）
（　　）
（　　）
（　　）
（　　）
（　　）
（　　）
（　　）
后面说到的四边形都是
"平面凸四边形" 呦。
答案见文末。

四边形不像三角形那样稳固，但正是这种"不稳固"，让四边形有了一对对关系密切的好伙伴。

**正方形** 和 **菱形** 就是一对好伙伴，它们都有四条长度相等的边。

像我这样推侧边，正方形就变成了菱形！
正方形
菱形
如果想让四边形稳固，该怎么办呢?
去《为什么是三角形》中寻找答案吧!

四边形中，另一对好伙伴是 **长方形** 和 **平行四边形**。

长方形 和 梯形 的关系也不一般。在长方形一侧剪下一个三角形，倒置后拼到另一侧，长方形就变成了梯形。从长方形获得梯形，还有很多办法。

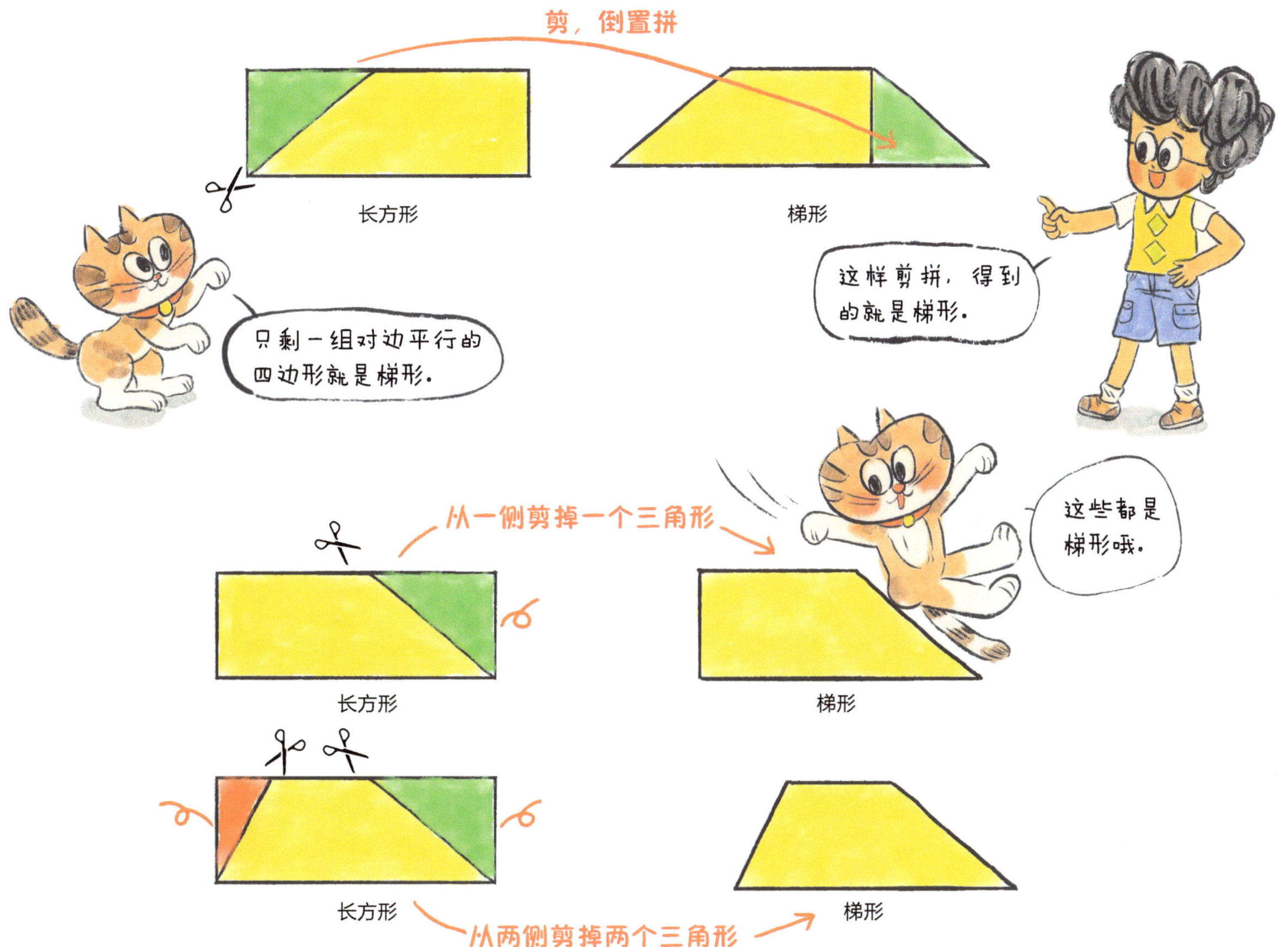

人们尤其喜欢正方形，是因为正方形看上去有近乎完美的对称特征。

对正方形最久远、最著名的应用要数古埃及人了。大约4500年以前，在古埃及，上至法老、下至百姓，只要涉及形状问题，往往都离不开正方形。

去《为什么是三角形》中寻找答案吧！

不仅如此，单位正方形还可以作为测量工具，用来测量其他正方形和长方形的面积。

想一想，说一说，如何得到这个长方形的周长和面积呢？

　　最受欢迎的长方形是"黄金长方形"，人们更习惯叫"黄金矩形"——它是指长和宽的比恰好是"黄金比例"的长方形。（★矩形：长方形的另一种说法。）

把一条线段分割为两段：x、y，
如果x∶y≈1.618，这个比就是黄金比例。
其中，1.618…是黄金分割数。

★黄金分割数的小数位数有无限个，
　1.618是黄金分割数的近似值。）

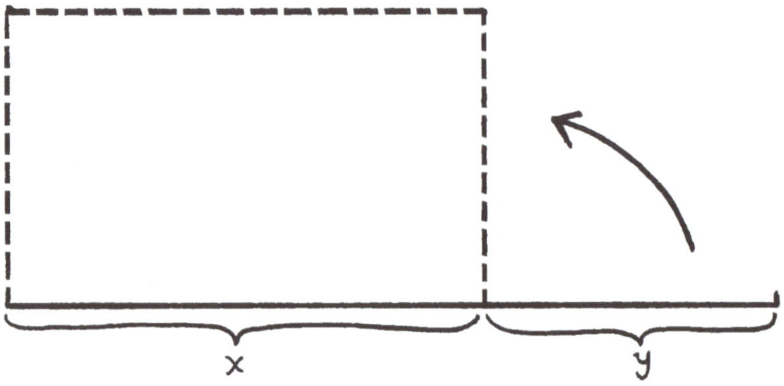

构造一个黄金矩形

小屋里有很多黄金矩形。马上行动起来，看看你能在图中找到多少个黄金矩形呢？

在很多艺术设计中，都使用了黄金矩形。

黄金比例能对人的视觉产生适度的刺激，恰好符合人的视觉习惯，使人感到悦目。

列奥纳多·达·芬奇作品
《蒙娜丽莎》

　　"光"是创造平行四边形的高手。一扇长方形的窗户，被"光"投影到地面后，看上去就变成了平行四边形。

这个图形组合由正方形和平行四边形组成，猜猜看，它是什么立体图形呢？

答案见文末。

本来是长方形的地面，画成梯形，看上去就有了延伸出去的感觉，突然"立体"了。

有了梯形的加入，一幅平面图画看上去就立体了，这可是一种重要的绘画技巧"透视画法"，这种画法甚至影响了几何的发展。以后你还会学到更多这方面的知识呢！

乔托·迪·邦多纳作品《故宫梦》

答案见文末。

四边形家族的关系网是这样的：

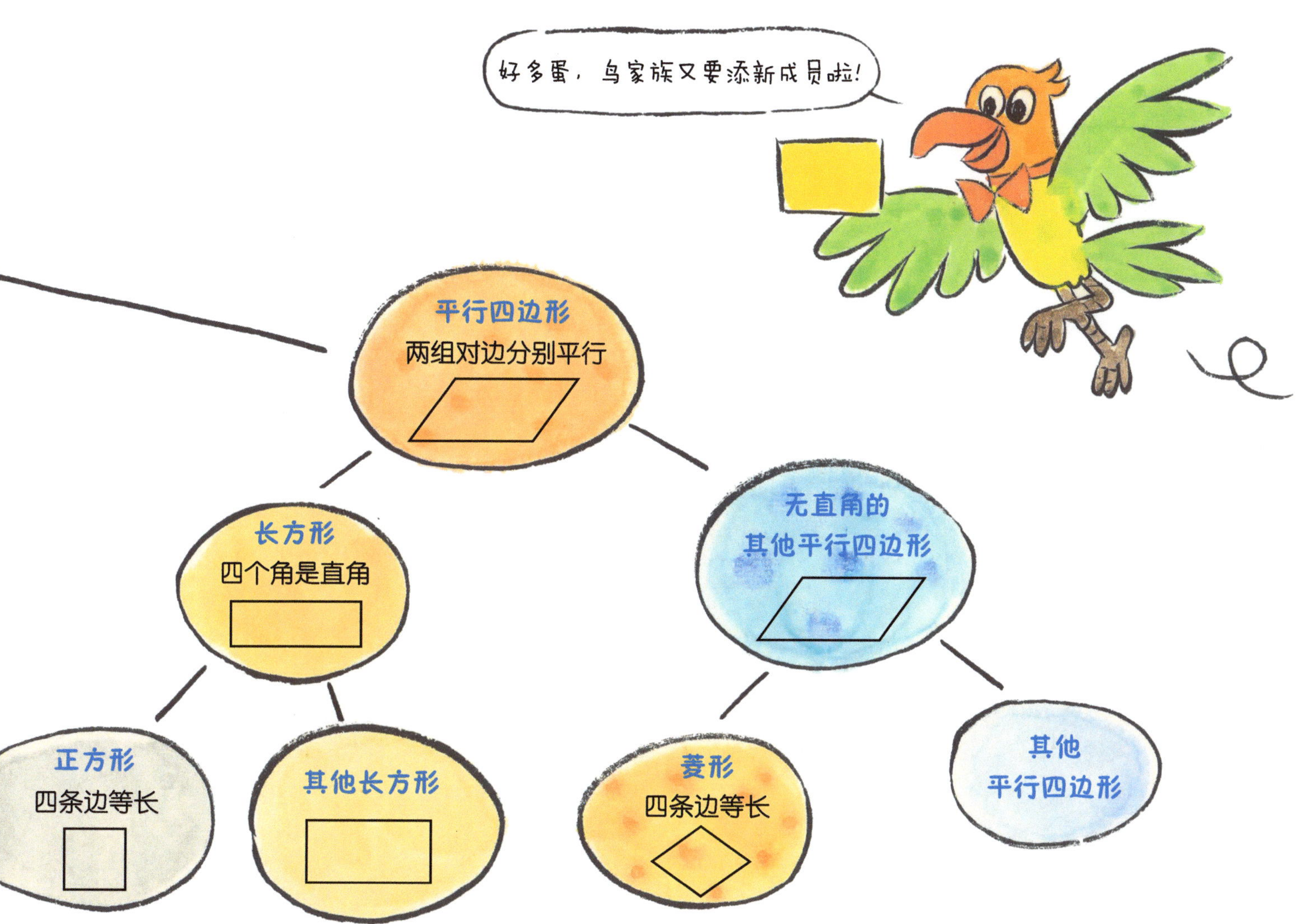
好多蛋，鸟家族又要添新成员啦！
平行四边形
两组对边分别平行
无直角的
其他平行四边形
长方形
四个角是直角
正方形
四条边等长
其他长方形
菱形
四条边等长
其他
平行四边形

咦，是谁把刚刚做好的正方形拆散啦？茜茜要赶紧把它拼回去，快帮帮她吧！

去手工区找到左侧 7 个对应的形状，把它们拼回这个正方形中。

答案见文末。

第2～3页：一共有9个四边形。

第10～11页：

知识点见第4页、第6页。

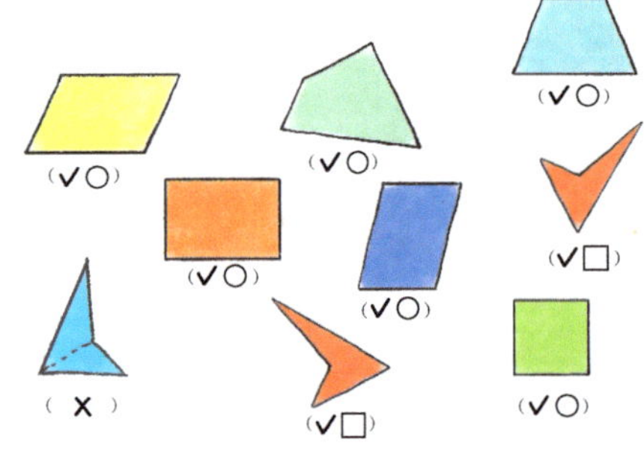

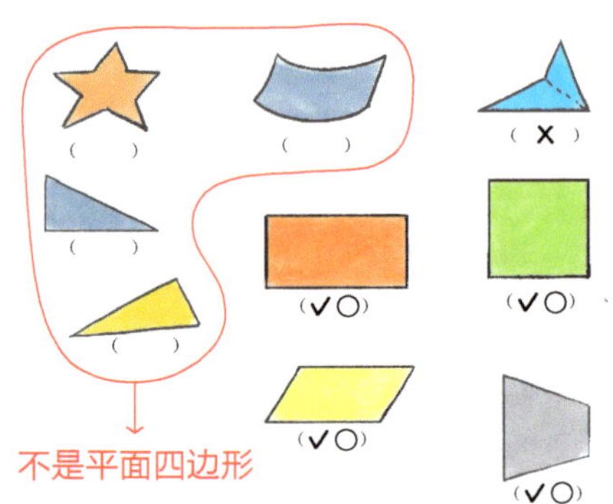


第25页：正方体。

第27页：示例。

第31页：七巧板答案。

用黄金矩形可以画出完美的鹦鹉螺线！



黄金矩形与艺术息息相关，现在就用黄金矩形画一个漂亮的鹦鹉螺吧！

步骤 1：沿红色矩形外框画红色矩形。

步骤 2：沿红色矩形短边放置橙色矩形，同时得到白色正方形 1。

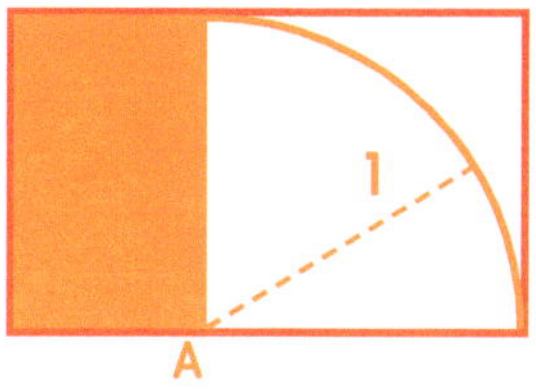

步骤 3：以正方形 1 的边长为半径，点 A 为圆心画圆弧。

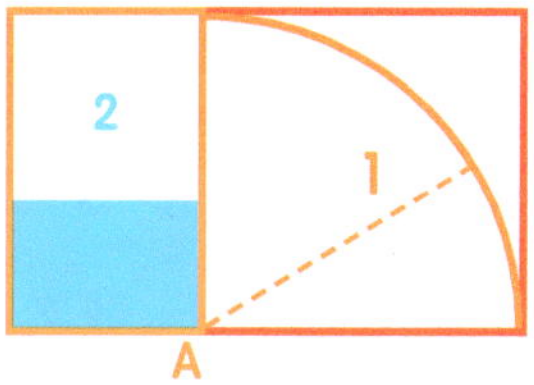

步骤 4：沿橙色矩形短边放置蓝色矩形，同时得到正方形 2。

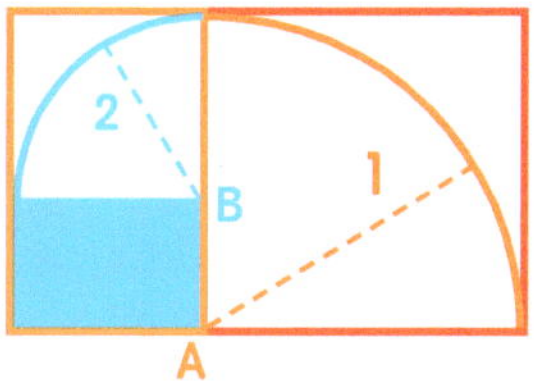

步骤 5：以正方形 2 的边长为半径，点 B 为圆心画圆弧。

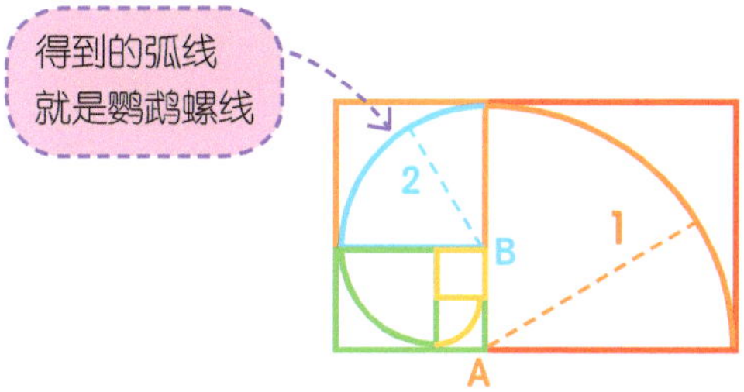

步骤 6：取绿色矩形、黄色矩形……重复步骤 2、3，依次画绿色圆弧、黄色圆弧……

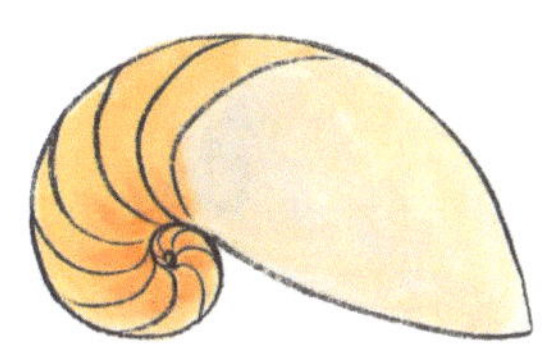

去手工区找到卡纸画一画吧！

# "厉害了！我的数学" 系列科普图画书

- 《数的起源》
- 《自然数、整数、0》
- 《时间的历史》
- 《口算通关法》
- 《等号和加减乘除》

- 《辨识空间方位》
- 《为什么是三角形》
- 《四边形的奥秘》
- 《正方体》
- 《分类和找规律》

## 作者简介


### 曲少云/文

数学科普教育专家，教育心理硕士，拥有20余年数学教龄，对中国孩子的数学学习和发展轨迹了如指掌，能够系统、科学地指导孩子进行数学学习和训练。著有系列畅销书"今晚七点半，数学妈妈的游戏课""奇妙的数学游戏书"等，累计销量超过100万册。线上课程"如何开发孩子的数学潜力""数学启蒙，父母是最好的老师"广受老师、家长赞誉。

### 李卓颖/图

绘本创作者，动画专业硕士，毕业于广州美术学院及荷兰圣优斯特艺术学院。

作品有《公主怎么挖鼻屎》《溜达鸡》《从前有个筋斗云》《两个小妖精抓住一个老和尚》。作品曾获第二届"信谊图画书奖"，第二届小凉帽国际绘本奖优秀作品奖，2016年深圳读书月"年度十大童书"。《从前有个筋斗云》入选第十三届全国美展，入选教育部推荐书目。

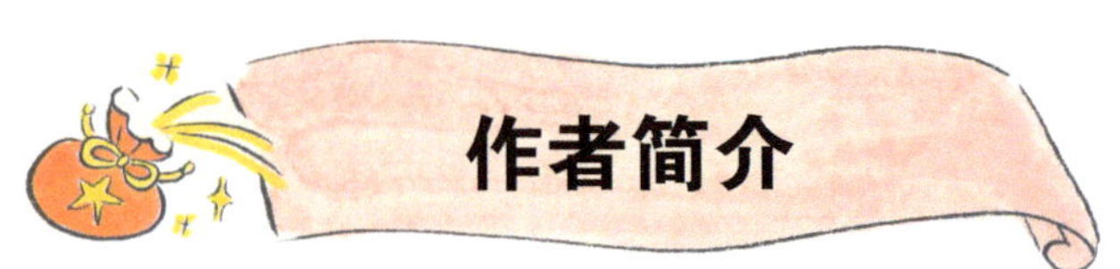